AF554714

MAJORITÉ DU PRINCE IMPÉRIAL

16 MARS 1874

LA SÈVRE

A

CHISLEHURST

PRIX : 15 Centimes.

SAINT-MAIXENT
IMPRIMERIE DE *LA SÈVRE*
AVENUE DE LA MAIRIE
1874.

leur patrie, voulaient, avant de s'en porter garant devant les populations, s'assurer par eux-mêmes, *de visu*, si ce qu'on disait était vrai, de la grande intelligence et du grand cœur du Prince, dans lequel gît notre dernière espérance.

De tous les points de la France, par milliers, sont accourus ceux qui, n'ayant pas eu l'honneur de vivre dans l'intimité des Augustes Exilés, voulaient avant de leur jurer une fidélité à toute épreuve, constater que l'enfant, qu'ils avaient connu en des jours de gloire, était devenu, mûri par l'adversité, un homme énergique et fort, capable d'être leur chef un jour.

La tâche d'ouvrir à la lumière les yeux des ignorants et de ramener vers la vérité ceux des égarés — belle et noble mission à laquelle s'est dévouée *La Sèvre* — lui faisait un devoir d'envoyer à Chislehurst une députation de ses rédacteurs, chargés de rapporter fidèlement ce qu'ils avaient vu et entendu.

MM. Ludowic Guette et Louis Lévesque, auxquels avait été dévolu ce soin, ont eu l'honneur de parler à Leurs Majestés. S'il est une qualité qu'il soit difficile de leur dénier, c'est celle de la franchise ; en toute sûreté de leur conscience, ils répètent fidèlement ce qu'ils ont observé, les sensations qu'ils ont éprouvées.

Le jeune homme qui les a reçus n'est plus un enfant : « c'est » comme le disait tout dernièrement un de nos amis, M. Ad. Caillé (1), « un des Princes les mieux *équi-*
« *librés* de l'Europe, au physique comme au moral. Il
« sera doté et doué d'une instruction étendue, saine et
« pratique ; il aura connu la prospérité et le malheur ;
« s'il a des illusions il n'aura pas de vanité ; il aura
« l'esprit droit et l'âme grande ; il saura, pour l'avoir
« appris en commun, ce que sont et ce qu'exigent l'égalité
« vraie et le mérite laborieux. Comme il a reçu du Ciel
« le don, plus rare qu'on ne croit, de la *volonté*, il saura
« vouloir. Voulant, il pourra. Le grand nom qu'il porte
« ne l'écrasera point ; tout dit qu'il le portera allégre-
« ment et noblement. Il sera digne des espérances qui
« reposent sur sa jeune tête et des destinées qui l'at-
« tendent. »

« La vraie démocratie, qu'outragent et polluent de vils

---

(1) Le Prince Impérial à l'École Militaire de Woolwich.

« démagogues et d'affreux rhéteurs, aura en lui un chef « authentique et autorisé ; il sera le champion, le gardien « et le bouclier du Suffrage Universel et de la Souveraineté Nationale, que des imprudents et des songe-creux « méconnaissent et menacent. La France et la Société, « qui meurent du 4 Septembre et de ses suites, auront « en lui, à leur portée et à leur disposition, un médecin « déterminé ; il pansera leurs blessures et rétablira leurs « esprits. »

C'est pour consacrer à ces assertions un témoignage irrécusable de sincérité et conserver le souvenir d'un jour illustre que *La Sèvre* reproduit aujourd'hui, en les complétant, tout en leur laissant leur caractère intime, les correspondances que ses rédacteurs lui ont adressées d'Angleterre. Le Peuple est affamé de détails sur la vie et l'existence des Augustes Personnages dont il regrette l'exil ; il nous saura gré de ces quelques pages, extraites de notre publication hebdomadaire à son intention.

La Rédaction de *La Sèvre*.

CORRESPONDANCES D'ANGLETERRE

Londres, dimanche 15 mars 1874.

Hier, samedi, à six heures du soir, nous sommes arrivés à Londres, après une excellente traversée, mais avec un retard de près de deux heures, causé par la trop grande affluence des voyageurs.

Dès le matin, la gare du Nord, à Paris, était envahie par une foule considérable, en partance pour l'Angleterre. A Calais, l'encombrement devint tel, qu'il fallut deux remorqueurs pour transporter à bord du paquebot les voyageurs et leurs colis. A Douvres, la quantité de wagons disponibles se trouva insuffisante pour contenir le nombre toujours croissant de Français et d'étrangers, forcés de s'entasser, tant bien que mal, les uns sur les autres. Enfin, le train express nous déposa, après une heure quarante-cinq minutes de trajet sur la voie ferrée, à la gare de *Charing-Cross*, au centre de Londres, avec plus de cinq cents personnes, toutes unies par la même foi et le même sentiment d'affection et de fidélité.

Aujourd'hui, nous avons passé la majeure partie de la journée dans les salons de *Willis Rooms*, vaste local que l'on peut considérer,pour ainsi dire, comme le quartier général des Français en ce moment à Londres. C'est un lieu de rendez-vous : on est certain d'y rencontrer de nombreux amis, et l'on est heureux d'y causer, entre intimes, du sujet de ses espérances. Nous y recevons les instructions nécessaires pour assister à la cérémonie de demain. On y distribue, après un contrôle des plus sérieux, les cartes qu'il est indispensable de posséder pour franchir, sans difficulté, les grilles du château de

Camden-Place. Bien qu'arrivés parmi les premiers, nos billets portent déjà les numéros 4.017 et 4.019. Vous pouvez, par là, juger de l'importance du nombre des visiteurs ; et encore, un grand nombre de nos compatriotes sont signalés comme devant arriver dans la soirée et dans la nuit!

Partout, dans les quartiers qui avoisinent *Trafalgar-Square* et *St-James-Square*, on rencontre des figures amies. C'est un échange continuel de poignées de mains, de bonjours et de saluts affectueux. On se croirait à Paris, sur les boulevards, tant est grande la foule de Français Impérialistes se coudoyant dans ces belles et larges rues de Londres.

Chacun porte à sa boutonnière un bouquet de violettes ; cette fleur est notre drapeau : c'est un signe de ralliement pour les délégués de la France venus sur le sol hospitalier de l'Angleterre, comme témoins du grand acte qui dans quelques heures s'accomplira — la solennelle et touchante consécration de la MAJORITÉ DU PRINCE IMPÉRIAL.

Lundi 16 MARS, 6 heures du soir.

Ce n'est pas sans une émotion facile à comprendre, que nous entreprenons de faire un résumé succinct des faits mémorables accomplis dans cette journée, qui brillera comme un phare lumineux dans les cœurs vraiment français.

Dès dix heures du matin, les trains se succédant de cinq minutes en cinq minutes emportent à Chislehurst les flots de Français qui se pressent à la gare de Charing-Cross.

Rien n'est pittoresque comme ce petit village de Chislehurst : les chalets et les maisons étagées en amphithéâtre présentent, avec leurs pelouses correctes, le plus ravissant coup d'œil. Au loin, sur le sommet d'une petite colline, flotte au gré du vent le drapeau Français — le drapeau tricolore. C'est là que se trouve *Camden-Place*, c'est sur ce petit coin de terre, qu'en ce moment la France, le monde entier ont les yeux fixés.

Après avoir gravi la pente de la colline, nous arrivons

à la grille du parc, gardée par une double haie de *policemen*.

La carte que nous avions reçue la veille, nous en permet l'entrée. Nous sommes là plusieurs milliers de Français, tous venus des différents points de Paris et de la Province, pour avoir l'insigne honneur de saluer S. A. le Prince Impérial et apporter à l'héritier de l'Empereur Napoléon III, l'assurance de notre entier dévouement et de notre respectueuse sympathie.

Une tente immense est dressée sur une des pelouses qui entourent le château, mais elle ne peut suffire à contenir le nombre toujours croissant des visiteurs.

Il est une heure.

Notre cœur bat avec violence ; nous allons enfin voir et entendre Celui qui, dans un avenir prochain, saura rendre à notre malheureux pays sa grandeur passée et ses splendeurs d'autrefois.

Un cri immense de : VIVE L'EMPEREUR ! sort à la fois de plus de *six mille* poitrines.

C'est le Prince Impérial qui se dirige, en saluant, vers la tente, et va prendre place sur une petite estrade élevée pour la circonstance.

Sa Majesté l'Impératrice s'assied un peu en arrière de son fils. Autour d'elle se presse un groupe composé de grands dignitaires de l'Empire, de dames d'honneur, de généraux, de sénateurs et de hauts personnages, au premier rang desquels nous voyons M. le duc de Padoue.

C'est en effet à M. le duc de Padoue qu'est réservé l'honneur de parler au Prince.

Voici le texte du discours qu'il a prononcé d'une voix forte bien que visiblement émue :

Monseigneur,

Notre premier hommage était dû à l'Empereur. La prière nous a réuni autour de son tombeau ; nous nous sommes rappelé cette grande âme, à laquelle le rang suprême n'avait enlevé aucune de ses exquises délicatesses et que l'infortune avait laissé noble et sereine.

Oublieux des ingratitudes, dédaigneux des haines, l'Empereur n'a jamais, après tant de désastres subis, fait tomber une seule parole amère de ses lèvres attristées.

Nous qui l'avons connu, nous l'avons bien aimé, Monseigneur, et cette affection est notre premier lien avec vous, qui portez si haut les sentiments de la piété filiale.

Des divers points du territoire nous nous sommes donné rendez-vous au jour anniversaire de votre naissance ; ceux qui n'ont pu venir vous ont adressé les témoignages de leur fidélité.

Permettez-moi, Monseigneur, de préciser en peu de mots, le caractère vrai de cette réunion.

Les partis de France propagent leurs doctrines et cherchent à en hâter le triomphe, nous ne pouvions garder le silence : la cause Impériale occupe une trop grande place dans le pays.

Résolus à ne pas franchir les limites de la loi, nous avons le droit de rappeler le passé, de nous interroger sur les aspirations de notre patrie et de proclamer nos croyances devant le représentant d'une dynastie qui, en ce siècle, a occupé le trône pendant plus de trente années.

Il y a dix-huit ans, Monseigneur, le Peuple Français acclamait votre naissance ; l'Europe, réunie au Congrès de Paris, s'associait à ses joies et à ses espérances. Vous receviez le titre d'Enfant de France.

Aujourd'hui, si la tempête n'avait pas arrêté le cours de la volonté nationale, les constitutions de l'Empire remettraient entre vos mains les destinées du pays.

Au contraire, depuis trois années, les tentatives pour constituer un gouvernement définitif naissent et meurent dans l'impuissance. La nation, tout en se confiant à la loyauté du maréchal de Mac-Mahon, qui a la garde temporaire de ses intérêts, est inquiète sur son avenir, et l'activité nationale est en souffrance.

La sécurité ne peut être reconquise que par la loyale et libre expansion de la volonté de tous, s'imposant au patriotisme de chacun.

Quel gouvernement choisira le Suffrage Universel exerçant son indiscutable souveraineté ?

La France est démocratique, mais elle veut l'ordre et l'autorité. La République n'a jamais été pour elle qu'une intermittence ou une transition ; elle ne lui a été imposée que par la terreur, une insurrection triomphante, ou un attentat commis sous les yeux et au profit de l'ennemi.

La dynastie des Napoléon a été choisie dans les rangs du peuple, pour représenter et garantir les intérêts et les droits de notre société moderne. Fondée, relevée, soutenue par d'innombrables suffrages, elle est l'élue, non d'une classe, mais de la Nation entière.

Ce sont là vos titres, Monseigneur, et cette nation qui les a écrits de sa main ne saurait les oublier.

Ceux qui la disent versatile et révolutionnaire, la calomnient. Sans doute les surfaces sont facilement agitées par les vents contraires, et notre sort n'a été que trop de fois à la merci de l'émeute.

Mais la foi politique du peuple est comme sa religion : elle n'est un instant courbée par l'orage que pour se relever plus ardente et plus fière. Nous sommes nombreux autour de vous, Monseigneur, mais mille fois plus nombreux sont ceux qui sur la terre française célèbrent le 16 mars par leurs vœux et leurs prières.

Attendez donc avec confiance. Personne n'arrêtera le courant national ; vivez les heures de l'exil dans le recueillement et le travail, entouré des tendresses d'une mère dont le courage et la patriotique abnégation ont marqué la noble place dans l'histoire ; mais soyez prêt pour les desseins de la Providence.

Aussitôt les acclamations éclatent de tous côtés.

Le silence rétabli, S. A. le Prince Impérial prend la parole et répond en ces termes à M. le duc de Padoue :

Monsieur le duc,

Messieurs,

En vous réunissant ici aujourd'hui, vous avez obéi à un sentiment de fidélité envers le souvenir de l'Empereur, et c'est de quoi je veux d'abord vous remercier. La conscience publique a vengé des calomnies cette grande mémoire et voit l'Empereur sous ses traits véritables.

Vous qui venez des diverses contrées du Pays, vous pouvez lui rendre témoignage : son règne n'a été qu'une constante sollicitude pour le bien de tous, sa dernière journée sur la terre de France a été une journée d'héroïsme et d'abnégation.

Votre présence autour de moi, les adresses qui me parviennent en grand nombre, attestent combien la France est inquiète de ses destinées futures. L'ordre est protégé par l'épée du duc de Magenta, ancien compagnon des gloires et des malheurs de mon père. Sa loyauté nous est un sûr garant qu'il ne laissera pas exposé aux surprises des partis le dépôt qu'il a reçu. Mais l'ordre matériel n'est pas la sécurité.

L'avenir demeure inconnu, les intérêts s'en effraient, les passions peuvent en abuser.

De là est né le sentiment dont vous m'apportez l'écho, celui qui entraîne l'opinion avec une puissance irrésistible vers un recours direct à la nation, pour jeter les fondements d'un gouvernement définitif. Le Plébiscite, c'est le salut et c'est le droit, la force rendue au pouvoir et l'ère des longues sécurités rouverte au pays ; c'est un grand parti national, sans vainqueurs ni vaincus s'élevant au-dessus de tous pour les réconcilier.

La France, librement consultée, jettera-t-elle les yeux sur le fils de Napoléon III ? Cette pensée éveille en moi moins d'orgueil que de défiance de mes forces. L'Empereur m'a appris de quel poids pèse l'autorité souveraine, même sur de viriles épaules, et combien sont nécessaires pour accomplir une si haute mission, la foi en soi-même et le sentiment du devoir.

C'est cette foi qui me donnera ce qui manque à ma jeunesse. Uni à ma mère par la plus tendre et la plus reconnaissante affection, je travaillerai sans relâche à devancer le progrès des années. Quand l'heure sera venue, si un autre gouvernement réunit les suffrages du plus grand nombre, je m'inclinerai avec respect devant la décision du pays. Si le nom des Napoléon sort pour la huitième fois des urnes populaires, je suis prêt à accepter la responsabilité du vote de la nation.

Telle est ma pensée : je vous remercie d'avoir parcouru une longue route pour venir en recueillir l'expression.

Reportez aux absents mon souvenir, à la France les vœux de l'un de ses enfants : mon courage et ma vie lui appartiennent.

Que Dieu veille sur elle et lui rende ses prospérités et sa grandeur !

Les cris de : VIVE L'EMPEREUR ! sont mille et mille fois répétés. L'émotion est à son comble.

Faut-il le dire? Des larmes coulent de tous les yeux, des larmes de joie et d'espérance.

Le discours du Prince aura un immense retentissement. Il pénétrera dans les cœurs comme dans les esprits et pèsera d'un grand poids sur nos destinées futures.

Maintenant encore, il nous semble entendre cette voix d'un si beau timbre, pleine et sonore, cette voix qui remplissait la vaste enceinte, décelant, du premier au dernier mot, un homme d'un rare degré d'énergie et de volonté.

Tout avait été prévu pour réglementer cette importante cérémonie : de distance en distance, des poteaux portant les noms des divers départements, classés par lettres alphabétiques, avaient été placés dans la grande allée du parc, et chacun, après le discours de Son Altesse, se rendit à sa place respective.

Les départements du Nord, le Pas-de-Calais, la Somme, la Seine — dont la députation comptait plus de huit cents membres — avaient un nombre considérable de représentants. Bien moins nombreux étaient les habitants des Deux-Sèvres !

Notre groupe se composait de :

M. LASNONIER, ancien député, chevalier de la Légion-d'honneur ;

M. Charles LE ROUX, ancien député, officier de la Légion-d'honneur, accompagné de ses deux fils ;

M. Adolphe CAILLÉ, ancien chef de bureau au Ministère de la Guerre, officier de la Légion-d'honneur ;

M. LOUDUN, propriétaire à Niort ;

M. BERNUCHON, notaire à La Foye-Monjault ;

M. MÉCHAIN, propriétaire au château de Cenan ;

M. FAVRE fils, représentant de la *Revue de l'Ouest* ;

Et des deux rédacteurs de *La Sèvre*, Ludowic GUETTE et Louis LÉVESQUE.

Le Prince et l'Impératrice voulaient que nous leur fussions tous individuellement présentés ; le Prince tenait même essentiellement à serrer la main de chacun.

Par son rang d'ordre, notre groupe devait forcément passer un des derniers ; cette circonstance nous permit de parcourir à loisir *Camden-Place* et de visiter, dans ses plus petits détails, cette charmante résidence.

Une autre tente — non moins vaste que celle dont nous avons déjà parlé — était établie à l'autre extrémité du château ; tout y avait été disposé pour un immense *Lunch*.

En dehors du parc, deux excellentes musiques de régiments, entre autres, celle de l'Ecole Militaire de Woolwich, exécutaient alternativement, soit l'air national français, *Partant pour la Syrie*, soit l'air fameux du *God save the queen* de la vieille Angleterre.

Pendant ce temps, les réceptions continuaient dans le grand salon d'honneur. Avec une grâce et une affabilité parfaites, S. A. le Prince Impérial et S. M. l'Impératrice témoignaient à leurs visiteurs toute leur reconnaissance et tout le plaisir qu'ils éprouvaient à les recevoir.

Nous pûmes visiter les appartements de l'Empereur, grâce à notre ami M. Caillé, qui possède à Camden-Place les relations les plus amicales, et pénétrer dans la chambre *même* où S. M. rendit le dernier soupir. Rien n'a été changé de place dans cette chambre, pleine de si tristes souvenirs ; d'immenses couronnes de violettes et d'immortelles avaient été déposées sur le lit mortuaire ; tout rappelait Celui qui n'est plus, mais dont le souvenir est resté vivant au fond de tous les cœurs Français.

Il était environ quatre heures quand, notre tour arrivé, nous fûmes introduits dans le salon de réception: Là, au nom de tous, M. Lasnonier prit la parole et adressa à Son Altesse, ces mots qui sont restés gravés dans notre mémoire :

Monseigneur,

» Vous avez dit récemment « TOUT POUR LE PEUPLE ET » TOUT PAR LE PEUPLE. » Nous sommes venus, nous, » Monseigneur, pour vous dire avec toute la sincérité » que le dévouement met au cœur, que nous souhaitons » TOUT POUR VOUS » et que nous espérons « TOUT PAR « VOUS. »

S. A. le Prince Impérial nous tendit les mains et nous remercia en termes gracieux. S. M. l'Impératrice, avec une grâce adorable, s'inclina devant notre respectueux salut, et nous partîmes, pénétrés de tant d'aménité et à la fois de tant de majesté.

Il nous a été donné d'assister à une scène vraiment touchante, que nous ne passerons pas sous silence :

Quand les réceptions furent terminées, l'Impératrice se montra dans le parc avec le Prince; mais l'enthousiasme à son comble ne leur permit seulement de faire que quelques pas, et c'est avec la plus grande difficulté qu'ils purent regagner leur demeure. Nous étions en ce moment dans le château même et le flot nous refoula jusqu'au fond de l'appartement particulier où le Prince et l'Impératrice, émus, troublés, vinrent se dérober aux chaleureuses acclamations de plus de 6,000 Français.

Nous pûmes, avec vénération, contempler les traits de cette noble femme que naguère encore, les pauvres appelaient *leur sœur de charité* et qui est restée pour tous *un ange de noblesse et de bonté.*

La foule, voulant acclamer une dernière fois les illustres exilés, S. A. le Prince Impérial se montra au balcon du château.

Aussitôt un immense « hurrah ! » retentit.

Et c'est au milieu de ces acclamations délirantes que nous regagnons la station de Chislehurst, environnés de la multitude exaltée et ravie du résultat qui comble ses espérances.

UNE VISITE A CAMDEN-PLACE.

Mardi, 17 mars 1874.

Enthousiasmés du gracieux accueil que nous avions reçu à *Camden-Place*, dans la mémorable journée du 16 mars, il nous était impossible de résister à notre violent désir de retourner le lendemain offrir nos hommages à la noble femme et au sympathique jeune homme, vers lesquels sont tournés les regards de la France entière.

Nous éprouvions toutefois une certaine hésitation à l'idée de franchir une seconde fois les grilles de la ravissante habitation qu'un généreux Anglais a mise à la disposition de Leurs Majestés.

La journée d'hier, si fertile en émotions de toutes sortes, ayant dû être bien fatiguante pour deux personnes éprouvées par tant de vicissitudes, nous pouvions craindre d'être importuns.

Mais, ce serait ne pas connaître l'Impératrice et son Auguste Fils, que de ne pas les croire capables de dépasser la mesure des forces physiques ordinaires, pour refuser la grâce de leur présence à ceux qui sont prêts à sacrifier leur vie entière au triomphe de leurs personnes et des idées qu'elles représentent.

Ce n'était plus, comme le jour précédent, une succession continue de Français et d'étrangers, accourus de toutes les parties du monde pour saluer l'entrée officielle dans la vie politique d'un futur Souverain ; c'étaient les intimes, les dévoués, ceux *de la veille* que la Famille Exilée admettait en son sein.

Les réceptions avaient un caractère tout intime : le duc d'Edimbourg — ami du Prince Impérial — et sa jeune épouse, fille de l'Empereur de Russie, venaient précisément de sortir, lorsque nous nous présentâmes, introduits par MM. Lasnonier et Caillé, dont nous avions, de nouveau, mis l'inépuisable obligeance à contribution.

Notre petit groupe de Poitevins se composait, outre ces deux messieurs, fort appréciés ici et fort considérés, des deux rédacteurs de *La Sèvre*, de notre collègue M. Favre fils, et de M. Bernuchon, notaire à la Foye-Monjault, qui a déposé entre les mains du Prince, plus de 300 cartes et adresses, que les habitants de son canton lui avaient confiées.

Au moment de notre arrivée, le vestibule qui sert d'antichambre est à peu près rempli de visiteurs : écrivains, députés, généraux, sénateurs, et plusieurs dames, parmi lesquelles : Mme la maréchale Canrobert, Mme la maréchale Pélissier, duchesse de Malakoff, Mme la comtesse Clary, Mme Lebreton, sœur du général Bourbaki, Mlle Louise Rouher, Mlle Pajol, fille du général.

M. Dugué de La Fauconnerie, directeur de l'*Ordre*, cause avec Mme la comtesse de la Poëze, dame d'honneur de l'Impératrice et notre compatriote de la Vendée.

M. Caillé nous présente à M. Charles Abbatucci, ancien conseiller d'Etat, député à l'Assemblée nationale, à M. Fernand Giraudeau, auteur des premières brochures bonapartistes qui aient parues après le quatre Septembre, et à diverses autres notabilités Impérialistes.

M. Lasnonier s'est mis à la poursuite de M. Rouher, que l'on voit traversant les corridors, gai et affairé, distribuant à ses nombreux interrogateurs, une poignée de main par ci, une parole par là.

M. Lasnonier est au mieux avec M. Rouher; aussi, par la haute protection de ce dernier, notre audience est avancée de plusieurs tours de faveur.

Par les portes grandes ouvertes, nous apercevons l'Impératrice, dans un salon séparé seulement par un autre de la pièce où nous nous trouvons.

Les fins contours de son gracieux visage nous apparaissent de trois quarts, tels qu'ils sont représentés sur les portraits officiels. A cette distance, elle ne paraît pas avoir vieilli. Sa tournure est toujours jeune et élégante. Bien que son front soit pâle et son regard attristé — comme celui d'une personne qui a beaucoup souffert — de temps en temps un sourire d'approbation lui est arraché par les spirituelles observations, les fines saillies que lui débite M. Granier de Cassagnac père, dont la noiraude personne forme un curieux contraste avec Sa Majesté, qui est l'élégance même.

La conversation de deux gens d'esprit peut s'éterniser. Mme la comtesse de la Poëze, chargée de l'introduction, qui connaît et apprécie M. Caillé et M. Lasnonier, comprend notre impatience et vient tirer sans scrupule, par la manche, l'infatigable et brillant causeur. On voit comme à regret se quitter les deux interlocuteurs, égaux par l'intelligence, et par là si capables de s'apprécier.

Le cœur nous battait un peu ; aussi glisserons-nous sur les premières formalités de la présentation. Par un geste gracieux, S. M. l'Impératrice nous ayant invité à nous asseoir, elle nous entretint aussitôt de notre pays, des Deux-Sèvres, qu'elle connaît et dont elle a vu les pittoresques beautés, en s'informant avec intérêt des idées, des ressources et des besoins de notre population.

Mieux encore que la veille, nous pûmes l'examiner à loisir. Les chagrins, les douleurs ont laissé sur sa personne les profondes traces du martyre. Si notre Souveraine n'est plus la splendide idole de beauté, dont chacun aux Tuileries recherchait un sourire, elle a conservé — ce qu'elle conservera toujours — la grâce charmeresse de la femme avec la virilité de la mère.

Sa voix douce, son regard profond nous interrogeait et son cœur recueillait avidement chaque indice, chaque renseignement ayant trait à la France. Cette organisation d'élite embrassait, en se jouant, les questions les plus complexes et les plus ardues.

Elle voulait savoir ce que l'on pensait, ce que l'on disait de la Famille Exilée, et si les immondes calomnies étaient rentrées sous terre...

— Que pense-t-on chez vous, Messieurs, disait-elle, nous veut-on du bien ?

Représentants de toutes les classes du pays, nous lui avons fait cette réponse :

— Madame, notre département est sincèrement bon et honnête, quoiqu'une mince superficie paraisse légèrement corrompue. L'idée Napoléonienne fait du chemin, parce que c'est la seule vraie, la seule possible et la seule comprise par les cultivateurs, qui sont la majorité, la force et la richesse de notre pays. Les cultivateurs ont besoin du retour de l'Empire, qui leur assure la sécurité et le bien-être. Il leur est aussi indispensable que le soleil l'est pour leurs moissons. Ils comptent sur leur Prince, et le Prince peut compter sur eux.

L'Impératrice sourit de notre mutuelle vivacité, et en nous congédiant :

— Restez unis, nous dit-elle.

Nous ne pouvons encore voir le Prince—il est occupé. En attendant, M. Rouher nous introduit dans son cabinet. Il est très-gai, M. Rouher, et d'une rondeur charmante. On sent en lui l'homme du succès. Tout réussit au Bonapartisme, et M. Rouher n'a pas peu contribué à la réussite. Il se frotte joyeusement les mains, de l'air d'un homme qui paraît sûr de l'avenir. Les saillies, les bons mots pleuvent de ses lèvres, même les anecdotes un peu... gauloises.

Voici celle qui, pour le moment, a le don de l'égayer ; elle est trop vraie pour qu'on nous ne pardonne pas l'expression en faveur du naturel :

Un paysan de la Saintonge, se tenait, lundi, au pied de la tribune, au moment où le Prince faisait son discours. Dès les premiers mots, à l'aspect du maintien assuré de Son Altesse, à l'audition de sa voix ferme et résolue, notre brave campagnard laisse échapper presque à haute voix :

— *B....! o l'est in mâle !*

L'ex-vice-Empereur rit beaucoup en accentuant cette phrase de *haulte gresse,* et nous constatons que le sentiment exprimé si familièrement par le paysan Saintongeois, de l'attitude énergique du Prince, a été partagé par tous les assistants.

Certains petits détails, démontrant la virilité du caractère du dernier descendant de NAPOLEON, nous sont affirmés par M. Rouher :

On sait que le discours si remarquable du Prince est entièrement son œuvre. Trois jours avant le 16, M. Rouher voyant Son Altesse s'occuper à toute autre chose qu'à polir laborieusement son œuvre, lui disait :

— Monseigneur, votre discours ne sera pas prêt. Vous perdez votre temps.

— N'ayez pas peur, soyez sans crainte, répondait-il simplement.

En effet, à l'heure fixée pour la réunion des ministres, le Prince sort gravement de sa poche son manuscrit et avant d'en commencer la lecture :

— Mon discours, le voici, dit-il, voilà ce que j'ai à dire et ce que je veux dire.

Introduits par M. le Comte Clary, son aide-de-camp, dans le cabinet de travail du Prince Impérial, nous trouvons un charmant jeune homme, à l'air affable et souriant, qui nous remercie affectueusement d'être venus le visiter.

Présentés par M. Lasnonier, nous recevons du Prince un mot aimable à l'adresse de chacun de nous. Il reconnaît M. Caillé comme un des plus vaillants défenseurs de sa cause. Il sait que nous lui sommes tout dévoués *ense et calamo*. Ses mains sont spontanément prêtes à s'offrir à de loyales étreintes.

Son Altesse connaît *La Sèvre*. Il nous lit, nous dit-il, et adresse à la Rédaction un compliment trop flatteur pour être reproduit ; mais qui nous a procuré trop de plaisir pour que nous n'en fassions pas mention *urbi et orbi*.

C'est avec regret que nous nous éloignons de cette demeure hospitalière où règne la plus parfaite simplicité, si différente de la morgue orgueilleuse du parvenu.

Nous dépouillons un arbuste de ses palmes vertes que nous emportons comme souvenir et *remembrance* d'un Exilé. Plus tard elles pourront devenir les signaux de l'espérance.

Après avoir été nous agenouiller une dernière fois devant le tombeau de l'Empereur — le grand méconnu — nous descendons de nouveau la côte de Chislehurst, emportant dans notre cœur, comme exemple, ce modèle de soumission à la soi-disant volonté nationale, qui n'a jamais élevé la voix pour se plaindre, et dont le fils attend, pour se montrer, que la France se jette à ses genoux.

Londres, mercredi 18 mars 1874.

Chacun de nous, en revenant en France, laissera sur la terre hospitalière de l'Angleterre une parcelle de son cœur. Le peuple Anglais entoure d'une sollicitude touchante les hôtes illustres que le malheur lui a confiés.

Tous les journaux, le *Times* en tête, se plaisent à trouver dans la manifestation du 16 mars l'évidence indéniable d'une future restauration Impériale. Ils apprécient le discours du Prince comme un grand acte qui prendra place dans l'histoire, et tous accordent à son caractère les plus légitimes éloges.

Dans toutes les rues de Londres on trouve des placards où il est écrit : MAJORITÉ DU PRINCE IMPÉRIAL, TRAINS A PRIX RÉDUITS POUR CHISLEHURST.

Le drapeau Français flotte encore sur la gare de Chislehurst et, dans l'intérieur des bureaux, les employés ont écrit avec des feuilles de lierre, ces mots enthousiastes :

Vive le Prince Impérial !

De tous les trains — et ils sont nombreux — qui passent à Chislehurst, sortent des acclamations sympathiques en l'honneur du Prince. Beaucoup d'Anglais portent à leur boutonnière un bouquet de violettes, et lorsque revenant de *Camden-Place*, nous tenons à notre main quelque rameau de verdure, pieux témoignage de notre pèlerinage, des dames Anglaises nous en détachent quelques parcelles qu'elles emportent avec respect et recueillement.

Hier soir, à la représentation d'un ballet au théâtre de l'*Alhambra*, et à laquelle nous assistions, une manifestation gracieuse de la part des Anglais, a eu lieu en faveur de la France : il est un moment où apparaissent en scène des ballerines représentant tour à tour les diverses contrées de l'Europe.

La France vient la première, tenant à la main un drapeau tricolore. Aussitôt un formidable « *hurrah!* » est spontanément poussés par toute la salle, et pendant un quart d'heure la *France* dût saluer sans trêve un public enthousiasmé.

Nous étions profondément touchés. Cette sympathie que le peuple anglais témoigne à notre malheureux pays, n'est-elle pas un fait à enregistrer?

Demain nous quitterons l'Angleterre et nous emporterons de ce pèlerinage un immense espoir, des impressions qui toute notre vie resteront gravées au fond de notre cœur. Il est, dans le cours de l'existence, des choses qui ne s'oublient plus : celles qui viennent de s'accomplir ici, sont de ce nombre.

Dans quelques heures nous foulerons le sol de notre patrie. Nos regards tournés vers ce point du monde, où grandit notre espérance, nous adresserons un dernier salut aux nobles exilés, qui redeviendront bientôt les idoles de la France, et qui régneront en souverains sur les cœurs généreux de tous ses enfants.

Ludowic Gurtte. — Louis Lévesque.

Saint-Maixent. — Imp. de La Sèvre.

www.ingramcontent.com/pod-product-compliance
Lightning Source LLC
LaVergne TN
LVHW020508230826
846091LV00008BA/3396

* 9 7 8 2 0 1 3 5 7 8 4 5 5 *